Die Gedichte kreisen um Problemstellungen unserer Zeit. Die Beziehungslosigkeit der verschiedenen Ebenen unseres Seins wird vorwiegend durch Substantive hervorgehoben. Sie stehen als Monolithen im Raum und laden den **Leser** dazu ein, ein neues **Beziehungsgeflecht** mitzugestalten.

**Hartmut Brie**, Dr.phil., geb.1943, lebt in Müllheim. Studiendirektor i. R; 11 Jahre Leiter Erwachsenenbildungs-/Alphabetisierungskampagnen in West- und Zentralafrika.
Wissenschaftliche Beiträge über: Poe, Mallarmé, Afrika.
Gedichte in:
2002, Das Gedicht, Edition L
2002, Jahrbuch für das neue Gedicht, Literarischer Nationalatlas Arkadiens
    (Dichterhandschriften), Frankfurter Bibliothek
2003, Gedichte, Edition L
2003, Neue Literatur, Fouqué Literaturverlag
Ausblick: Edition L und Fouqué Literaturverlag, Herbst 2003.

**Eban** wurde 1954 in Buôn Mé Thûot (Vietnam) geboren. Er gehört zum Volksstamm der Montagnards. Er lebt seit 1963 in Frankreich. Zahlreiche Ausstellungen in Frankreich und im Ausland (Deutschland, Schweiz, Italien, England)
Bereits veröffentlichte Aquarellbände:
Aquarelle aus dem Elsaß
Die napoleonischen Bänke
Aquarelle aus dem Libournais, alle Les Petites Vagues Verlag
Illustration eines Gedichtbandes: Mein Land ist ein Garten, Pierron Verlag
Ausblick: Aquarelle aus der Normandie

Hartmut Brie

# *Brückenschläge*

Gedichte

Illustrationen von Eban

© 2003  Texte: Hartmut Brie
© 2003  Aquarelle: Eban

Herstellung: Books on Demand GmbH, Norderstedt

ISBN  3-8330-1063-0

5

# Abhandengekommen

Abhandengekommen. Die Leselust. Der Bücherwurm. Arbeitslos. Das Festbeißen. In der Ersatzwelt. Aussichtslos.

Abgegeben. Das Fantasievermögen. Die Mitleser. Lustlos. Das Eintauchen. In Beziehungskisten. Oder Elfenbeinturm.

Eventbesessen. Der Lärmkult. Die Kulturschaffenden. Kritiklos. Die Oberfläche. Mit Leerformeln. Geschmacklos.

Kunstbeflissen. Die Auftragskunst. Die Sponsoren. Standpunktlos. Das Sympathisieren. Mit Selbstaufgabe. Unter Geldraffenden.

Die veröffentlichte Kunst. Die Stimmungsmacher. Als Maßstab aller Dinge. Sang- und klanglos. Der Rückzug. Ins Verkannte. Namenlos.

Schmollwinkel. Eigenbrötler. Gestalter. Fraglos. Der Widerspruch. Der Formwille. Die Hut. Der Sonderlinge.

## Alter

Auch die frage. nach alter. greift. als eine letzte.
der tagesablauf. ein trauerspiel.


Der geist. im körper. sucht asyl. mit stempeln.
bei teilnahmslosen. abgeschrieben in not.


Der mensch. die sehnsucht. nach wärme. auf eis gelegt.
der anfang vom ende. der blick zurück. ein gebrochener.


Das gedächtnis. ein spinnennetz. mit auszeit. ein strapaziertes gebilde.
der blick nach vorn. kein scharfgestochener.


Die schwäche. ein gefühl. für hilferuf. ein geworfensein. in schutz.
hilflos. der mensch. beim gnadenbrot.


Auch der schrei. nach liebe. entsorgt. als ein letzter.
der zeitvertreib. skurril. senil.

Altersstarrsinn

Altersstarrsinn. Der Umgang. Mit Durststrecke.
Und Nachsicht. Der Brückenschlag.
Gemeinsam.

Alterswehwehchen. Die Pflegehaft. Mit Grenzbäumen.
Und Strafpunkten. Die Menschlichkeit.
Einsam.

Die Hilflosigkeit. Die Schwäche. Auf Raten.
Und Ausgeliefertsein. Das Mitgefühl.
Aus Mitleid.

Die Ausgeschlossenheit. Der Ausstieg. Aus Umwelt.
Und Bevormundung. Ein Wärmeverlust.
Zur Unzeit.

Das Abstellgleis. Der Zwangskontakt. Mit Altenteilen.
Und Belanglosigkeit. Ein Urteilsspruch.
Zum Abgang.

Der Wegwerfdruck. Der Alleingang. Mit Beschwerden.
Und Lustverlust. Die Rückschau.
Ein Ausklang.

Die Bindungslosigkeit. Die Entfernung. Mit Nachdruck.
Und Vorwand. Die Beziehungskiste.
Umgeschrieben.

Die Abschiebehaft. Die Kündigung. Mit Dauerfolgen.
Und Wegwurf. Das Ausgehverbot.
Hintertrieben.

## Auf der Suche

Auf der Suche nach festem Boden
Unter den Füßen und im Herzen
Bewegt sich die Frage in Kreisen.
Die gemeinsames Tun von sich weisen,
Beten vor nackten Kerzen,
Und müssen die Seelenwelt roden.

Dieser Schrei nach dem Zweisein durchdringt
Mauern aus Stein des Verneinens
und erbricht verschlossene Türen.
An der Lust in der Liebe spüren
Immer zwei den Moment des Vereinens,
der den Körper zur Seele bringt.

Seines Glückes Schmied ist ein jeder,
der sein Schicksal nimmt in die Hand
und nicht wartet auf fremde Rufe.
Der mit erstem Schritt auf der Stufe,
kämpft mit dem Rücken zur Wand
und zieht zornig los vom Leder.

Die im Wir einen Unterschlupf suchen,
tauchen in verhängte Tiefen,
deren Sinn die anderen nur ahnen.
Sich mit Leib und Seele verzahnen,
während andere vor Leere triefen,
ist wie Liebe auf Dauer buchen.

auflehnung

da dringt es dauernd ein auf
köpfe die im zickzack suchen nach
halt in der ebene abgeholzter stämme und
im greifen schwanken wie betrunkene

da schlägt es deutlich an auf
veralteten formeln die sich halten gegen
sturm und drang eines fragestellens an
gemäuer mit verwitterten dächern

da haut es einen um an
der stelle die gelassen klopft auf
die hohlen räume verworrener reden und
abgestumpften verharrens in festen spuren

wagt da keiner aufgeputscht zu zerren an
alten zöpfen die so glatt hängen auf
leitenden schultern kränkelnd an
ihrem schnitt unverdaubarer haare?

wie wenn die geduld die belastung auf
die probe stellt und befindet zu leicht nach
den maßen der zeit die der stille entweicht in
die strudel des handelns abgewogener träume?

Aus der Tiefe des Seins

Aus der Tiefe des Seins. Ein Gebeuteltsein. Die sprachlosen Sinkflüge
der Nacht. Wie im Abschaltraum.

Das Niemandsland. Eine Fluchtburg. Für Geldungestörte. Ein zeitweiser Ausstieg
aus Zwang. Wie in einer Freiheitszone.

Der Finderlohn. Ein Tiefengrund. Für Stressbetäubte. Eine uhrenlose Denkpause. Ein
Dunstkreis. Wie in der Gebetsmühle.

Aus dem Urgrund der Seele. Ein Spaßschub. Die verklemmte Empfindungsszene des
Tagtraums. Wie ausgelöscht durch Gefühle.

Das Märchenland. Ein Zufluchtsort. Für Arbeitsunbeteiligte. Ein liebenswertes
Stelldichein. Wie der Auszeit Krone.

Der Streitwert. Ein Glücksbringer. Für Frustbessessene. Eine Seelenmassage. Eine
Streicheleinheit. Wie vom Lebensbaum.

# Bilder

Bilder. Wie Fragezeichen. Der Zugang. Ein Holzweg. Die Chiffre. Ein wunder Punkt. Spiel mit dem Feuer.

Vielleicht auch. Ein Nachvollzug. Ein Hineindenken. Die Sprache. Des Farbenstreits. Ein Aufruhr. Ohne Schiedsspruch. Die Schwere.

Suche. Nach Sinn. Die Oberfläche. Ein Feld. Der Willkür. Der Konflikt. Der Hände. Mit den Sinnen. Eine Schicht. Des Schweigens.

Bilder. Wie Fegefeuer. Ohne Religion. Ein Brand. Als Unruheherd. Ein Gefühlskrach. Der Elfenbeinturm. Eine Seelennot. Des Aussteigens.

Vielleicht auch. Ein Geniestreich. Ein Gedankenwurf. Die Inbrunst. Des Streithahns. Ein Aufschrei. Ohne Einspruch. Die Leere.

Versuche. Den Weltschmerz. Das Atemholen. Einzufangen. In Zeichen. Aus Urstoff. Eine Handvoll. Naturstaub. Der Maltrieb. Ein Abenteuer.

Das andere Geschlecht

Das andere Geschlecht. Eine gewichtige Gruppe. Irgendwie berechtigt. Aber
untergebuttert.

Die Frauenrolle. Ein gelassener Wunschtraum. Irgendwie vorhanden. Aber
noch bemuttert.

Die Frauenlage. Eine miesliche Sache. Irgendwie verdrängt. Aber
doch gepriesen.

Die Frauenrechte. Eine geduldige Akte. Irgendwie beschlossen. Aber
nicht angewiesen.

Das andere Geschlecht. Ein getürktes Bild. Irgendwie verdächtig. Aber
unwidersprochen.

Die ernüchterte Frau. Eine bemerkte Dynamik. Irgendwie gelungen. Aber
unterbrochen.

Das hohe Lied. Der Vorzeigefrauen. Irgendwie abgehoben. Aber
nicht in den Köpfen.

Der tägliche Verlust. Der Frauenwürde. Irgendwie verankert. Bei
alten Zöpfen.

Die verzogene Spur

Die verzogene Spur. In Windeseile. Schweigen. Stillstand. Hinterfragt. Die Routine.
Unser Geworfensein.

Das verlogene Wort. Im Wehmutstempo. Sinnen. Abstand. Vorgesetzt. Das
Lebenszeichen. Unser Scheinsein.

Der verbogene Draht. Zum Zwischenstand. Wägen. Notstand. Umgepolt. Der
Weitergang. Unser Einbruch.

Die abgesetzte Zeit. Zum Davonlaufen. Halten. Fortbestand. Festgezurrt. Die
Lebenslüge. Unser Widerspruch.

Die verhütete Frau. Am Abgrund. Suchen. Unverstand. Entsorgt. Die Seelenlage.
Unser Notschrei.

Das verhinderte Kind. Am Scheideweg. Leerlauf. Einstand. Geschützt. Die
Bringschuld. Unser Kuckucksei.

Die vertane Chance. Im Windschatten. Widerstand. Aufgesetzt. Das Sonnensegel.
Unser Lichtblick.

Das verklemmte Tun. Im Traumaschock. Ladehemmung. Kopfstand. Abgerutscht. Die
Sinnkrise. Unser Missgeschick.

Der vergessene Mensch. Im Schnellverfahren. Schweigen. Hausstand. Überdreht. Der
Wendehals. Unser Bürgerschreck.

Die entsorgte Kunst. Im Handumdrehen. Stille. Aufstand. Umverteilt. Der
Reingewinn. Unser Selbstzweck.

25

Ersatzreligion

Der Abfall. Fast wie eine Ersatzreligion. Der recycelte Mensch. Mit
grüner Haut. Ein Spielball. Der Wortprägeanstalt.

Der Grünschnitt. Fast wie eine Opferszene. Das sonnenblumige Plakat. Mit
heiler Natur. Ein Auftritt. Aus dem Hinterhalt.

Die Grünsucht. Fast wie eine Gebetsmühle. Der verwässerte Kopf. Ohne
gesunden Menschenverstand. Ein Feindbild. Die Andersdenkenden.

Der Müll. Fast wie eine Mondlandschaft. Der sortierte Wähler. Mit
entsprechender Sicht. Der aufs Ganze Einschwenkenden.

Der Lebensraum. Fast wie ein Denkzettel. Das entwöhnte Vertrauen. Mit
geschönten Zähnen. Ein Streitfall. Der Fehlgeleiteten.

Das Feigenblatt. Fast wie ein Fluchtverhalten. Der entgrünte Park. Mit
modriger Erde. Ein Mahnmal. Der Zartbesaiteten.

## Friedensmärsche

Friedensmärsche. Lichterketten. Der Trost. Auf der Überholspur.
Vor lauter Vergessen. Wir sind ein Volk. Ab in die Mottenkiste.

Zum Nulltarif. Der Anschluss. Alles beim Alten. Die Abwicklung.
Einer Treuhand. Zum Hammerpreis. Eine Machenschaft.

Gerechtigkeitslücke. Mit Beigeschmack. Die Zerreißprobe. Als Restlaufzeit.
Der Dreck am Stecken. Als Stehaufmännchen. Für Spielernaturen.

Die Übernahmeschlacht. Mit verdeckten Karten. Der Erneuerungsschub. Aus der
Schusslinie. Mit Verdunkelungsgefahr. In der Schwebe. Ohne Täterspuren.

Die Meinungsmacher. Als Brückenbauer. Der Ausverkauf. Die Datenbänke
Die Gauckbehörde. Als Leerformeln. Im eigenen Saft.

Die Parteienmacht. Am Scheideweg. Mit Durchhalteappell. Ein Seilschaftstrupp.
Mit Blendwerk. Und Liebesentzug. Von der Wählerliste.

29

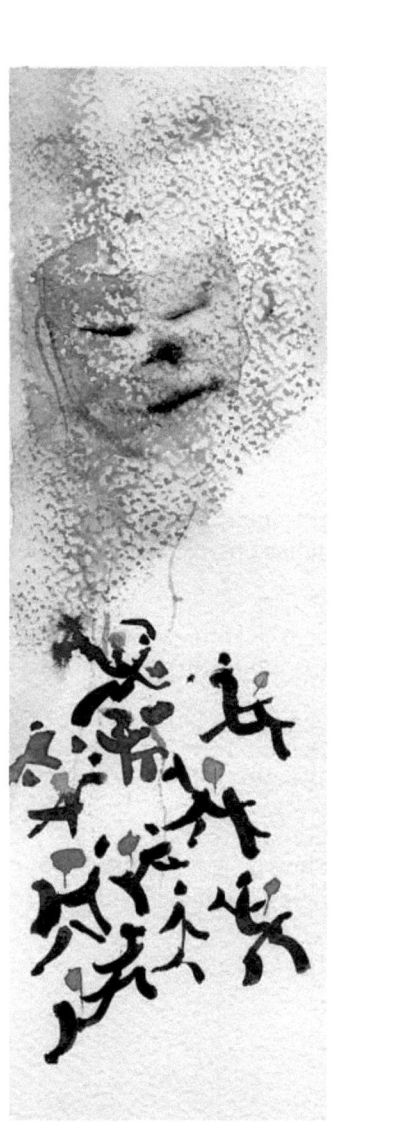

Friedenstauben

Friedenstauben. Mit gestutzten Flügeln. Der Lockruf. Der
Geldgier. Ein Brandherd. Für Abenteuer.

Finanzjongleure. Mit zerhackten Gliedern. Der Raubbau. An
Schätzen. Eine Untat. Gegen Freudenfeuer.

Gräuelbilder. Mit verkürzten Beinen. Die Mordslust. Auf
Schlachtfest. Ein Unding. Mit entsorgter Moral.

Krokodilstränen. Mit blutrünstigem Wasser. Die Hinnahme. Der
Massaker. Ein Schuldschein. Auf Skandal.

Feindeskreise. Mit entblößten Masken. Die Trommel. Des
Urinstinkts. Ein Warnsignal. Für Spannungsherde.

Massengräber. Mit erlegten Feindbildern. Der Nachruf. Auf
Schlagabtausch. Ein Opferkult. Der Blut- und Bodenerde.

Gegen die Natur


Gegen die Natur. Ein Granit. Starrer Typ.
Eigen. Lebenslänglich. Auf Egotrip.

Gegen den Aufruhr. Ein Sperrfeuer. Frommer Christ.
Selig. Klammheimlich. Mit Jenseitstipp.

Gegen den Widerspruch. Ein böser Blick. Prinzipienreiter.
Solide. Schlagfertig. Ohne Federlesen.

Gegen den Trend. Ein Ruhepol. Ordnungshüter.
Eifrig. Kehrseitig. Mit alten Besen.

Aus dem Bauch. Ein Bollwerk. Neinsager.
Basta. Gradlinig. Durch die Wand.

Aus der Seele. Ein Lockruf. Schattenboxer.
Kantig. Langlebig. Am Gängelband.

Aus der Schule. Elfenbeinturm. Eremit.
Sinnig. Leibhaftig. Ins Gebet.

Aus dem Lot. Kirchgang. Bittsteller.
Fündig. Ungeschminkt. Aufs Tapet.

Im Handumdrehen

Im Handumdrehen. Wie von Geisterhand. Ein Stau.
Die Tage gezählt. Und ins Wasser gefallen.


Keine Spur. Von verborgenen Schätzen. Funkstille.
Die Stechuhren. Im Wartestand. Und wartungsfrei.


Nichts im Takt. Fugendicht. Die Tonleiter missbraucht.
Die Spatzen pfeifen sie. Von den Dächern. Und für die Katz.


Über den Berg. Ein Zahlenspiel. Mit gefälschten Karten.
Das Geld verfällt. Und es gibt keinen Ersatz.


Kein Gespür. Für veraltetes Leid. Hemmschwellen.
Zeitzeugen. In Bedrängnis. Und mit Rechthaberei.


Nichts im Kopf. Vogelfrei. Der Abflug abgesagt.
Die Schwingen gestutzt. Und kraftlos. Ohne Krallen.

Immer nur Du

Immer nur Du. Stoßzeit des Würgegriffs. Kein Atemholen.
Die Peitsche der Zwietracht. Auf vollen Touren.

Ein Kreuz. Mit der Zeit. Die Blumen des Bösen. Versenken den Stachel.
Wunden vom Wir. Ziehen blutige Spuren.

Ohne Abstrich. Dein Gang  Durch verlaufene Bilder.
Der  Grenzwert des Leidens. Ein Maß ohne Zukunft.

Zusammen allein. Ein Griff ins Leere. Mit freiem Fall.
Ein Versagen. Ein Eingehen. Auf die Unvernunft.

Die Kreuzung am Kreis. Wie ein Scheideweg. Richtungweisend.
Mit Schubkraft durchgestanden. Ohne Konturen.

Ein erstorbenes Wir. Festgefahren. Sang- und klanglos im Abseits.
Schwindsüchtig. Mit gestoppten Uhren.

# Irgendwie

Irgendwie. Ein Lächeln. Wie von weit. Asien grüßt.
Mit Vieldeutigkeit. Ein Pinselstrich.
Eine andere Welt.

Irgendwie. Ein Empfinden. Andersartig. Innenwelt.
Mit zweipoligem Blick. Ein Farbklecks.
Wie von Gefühl bestellt.

Irgendwie. Ein Suchbild. Wie ein Gedicht. Sehnsucht.
Mit verstohlener Schau. Ein Ausbruchsversuch.
Ein Schöpfungswerk.

Irgendwie. Ein Fabelwesen. Wie von nah. Asien winkt.
Mit gefiederten Tönen. Ein Gedankenblick.
Ein Augenmerk.

Irgendwie anders. Eine Schaffenslust. Unzugängliche Zauberwelt.
Mit sonderbarem Spiel. Eine Eigenwelt.
Wie verhext.

Irgendwie los. Eine Bilderwelt. Wie ein Sinnentaumel.
Eine Verständigung. Ein Mitempfinden.
Im Klartext.

Doch noch. Wie ein Pinselstrich. Ein Laufsteg. Ein Gedankenstrich.
Ein Gegenwind. Wie ein Fragezeichen. Auf ein Blatt.
Im Widerstand.

Doch noch. Wie ein Wörterzug. Ein Stützpunkt. Ein Gedankensprung
Ein Gegendruck. Wie ein Anschlag. Auf den Satz.
In der Hinterhand.

# Irgendwo

Irgendwo. Die blaue Blume. Und Blumen des Bösen. Qual. Abkehr. Grau.

Der Stein der Erkenntnis. Oder des Anstoßes. Walpurgisnächte des Gewissens. Genarrt.

Auch der Kuss. Ein Muss. Zarte Konturen. Grobschlächtig befasst. Zuflucht. Ein Versteck.

Zeitweilig lahm. Aufgegeben. Aufgedunsen. Ausgelaugt. Unansehnlich. Ein Stück Dreck.

Die Spuren verlegt. Die Hände im Schoß. Abgestumpft. Unerquicklich. Ins Abseits gekarrt.

Wie ein Taugenichts. Faustdick hinter den Ohren. Auch mit Leiden. Zerrissen. Lau.


Irgendwann. Ein Lichtblick. Entfesselte Knoten. Nicht nur im Hals. Splitter

Bruchstücke. Unterwegs zum Ganzen. Vereinnahmt. Abgeschlossen. Entsorgt.

Miteinander. Auseinander. Zerreißprobe. Hirnrissig. Gemeinsam einsam. Frust.

Zusammen. Kulturstreit. Endzeit. Warten auf. Spießrutenlauf. Untergangslust.

Zerknirschung. Abgang. Zur Treuhand. Erbsenzählen. Substanz. Geborgt.

Losgeschlagen. Zum Nulltarif. Verschleudert. Überstellt. An Glücksritter.


Irgendwer. Ein Drahtzieher .Und Marionnetten. Taktik. Ohne Visionen. Ein Verwalter.

Schlaumeier. Ein Durchpeitscher. Hellhörig. Schlitzohrig. Ausstrahlungsfrei.

Mit Leichtgewichten. Duckmäusern. Ohne Rückgrat. Lakaien. Mitläufer.

Ein trunkenes Schiff. Steuerlos. Sprachlos. Fremdbestimmt. Dauersäufer.

Lügen. Betrügen. Abstauben. Im Großen. Unverfroren. Alles einerlei.

Bauernopfer. Volk am Tropfer. Krise. Viele Miese. Alleinunterhalter.

41

# Krieg

Krieg. Wie unabwendbar. Die Drohgebärde. Ein Vorspiel. Der Hauch des Todes.
Wie ein Lied von ihm.


Krieg. Wie programmiert. Das Tauziehen. Ein Zwischenspiel. Die Stunde der Wahrheit.
Wie ein Wehmutstropfen von ihr.


Krieg. Wie aufgemischt. Der Verteilungskampf. Als Nachspiel. Der Sand in Brand.
Wie keine Fata Morgana.


Friedensmärsche. Wie umgelenkt. Die Luftmachung. Ein Beispiel. Die Fahne der Gewalt.
Wie hautnah.


Friedensbringer. Wie gehabt. Die Spielverderber. Ein Zuspiel. Der Zwerg Nase
Wie ein Abschied vom Wir.


Friedensapostel. Wie gerufen. Das Buch. Ein Rückspiel. Eine innere Stimme.
Wie ein Heiligenteam.


Der das alles auslöst. Wie abgehoben. Die Volksverdummung. Ein Lustspiel.
Die Menschenwürde. Mit Füßen getreten.


Die da mitspielen. Wie gefahrenblind. Die Glaubensbrüder. Kein Heimspiel.
Der Extremist. Mit geblendetem Beten.

## KUNST

Fortlaufen aus dem Bild ins
maßlose Zerbrechen gequälter Zeit die
erstickt am Verdruss alter Formeln deren
Zaubertrank erloschen an Fragen.

Stillstand am Weiß wie Schweigen.
Atemholen aus kaputten Lüften deren
Staub als Bedrohung verweist
auf Spaltung umschlossener Räume.

Ein Wettlauf der Seele nach Glück eines
nicht mehr sich gebenden Ganzen das
zerteilt zwischen Drogen und Gurus
mit Aids kehrt die Trümmer zusammen.

Welche Farbe verschönert den Raum der
die gesäte Gewalt verliert an
Splittergruppen die verschlossen
schießen statt mit Blumen zu sprechen?

Kälte vereist die Fronten die
mit Macht ins Uferlose reizen deren
Puzzleerscheinung am Schirm die
Splitter der Bilder nicht löscht.

Längst

Längst. Die Spanne. Ein Zug. An Zigaretten.
Das Rauchige. Das Verwerfliche. Das Anrüchige.

Umgekehrt. Der Bogen. Ein Stück. Erinnerung.
Das Wagemutige. Das Spontane. Das Brüchige.

Demnächst. Der Kreis. Eine Runde. Von Irrwegen.
Das Staunende. Das Aufregende. Das Mitreißende.

Danach. Die Suche. Ein Stoff. Von Märchen.
Das Versonnene. Das Heimelige. Das Willkommenheißende.

Spät. Die Frage. Ein Schuss. In den Ofen.
Das Aufbegehren. Das Aufsässige. Das Dräuende.

Heute. Die Wende. Ein Tropfen. Hoffnung.
Das Abgewickelte. Das Entsorgte. Das Wiederkäuende.

Fast. Der Druck. Ein Maß. Bescheidenheit.
Das Gebende. Das Mitfühlende. Das Mitleidende.

Doch. Der Schlag. Ein Satz. Wörter.
Das Mitteilende. Das Mitgestaltende. Das Unterscheidende.

Laufsteg


Laufsteg. Kleine Brötchen. Rufmord.
Der Wendehals. Gegen den Strich.
Hausfriedensbruch.

Schlummertrunk. Große Töne. Raffgier.
Das Weichei. Gegen die Norm.
Ohne Stallgeruch.

Schlusslicht. Heiße Sachen. Rausschmiss.
Der Wissensdurst. Durch die Wand.
Lichterkette.

Lampenfieber. Guter Dinge. Streitkultur.
Der Widerspruch. Durch den Dreck.
Um die Wette.

Mittelmaß. Schwache Nerven. Stimmungstief.
Der Spießbürger. Aus dem Stand.
Herzschrittmacher.

Beugehaft. Lose Worte. Sinnkrise.
Der Schlussakkord. Hinter der Hand.
Widersacher.

Leitkultur. Fast Nostalgie. Ein Ordnungswille. Ein Andenkenladen. Tief in
unserem Seelenbaumeln. Ein Notruf.

Sprachfrust. Fast Widerstand .Ein Grenzbereich. Ein Lagebericht. Kurz und bündig in
unserer Gefühlswelt. Ein Langzeitvesuv.

Berufsstress. Fast Leidensweg. Ein Störfeuer. Eine Durchhalteparole. Quer durch
unser Daseinsrecht. Ein Dauergast.

Politikschelte. Fast Aufmüpfigkeit. Ein Stimmungsbarometer. Eine Lebenslüge. Hoch in
unserer Werteskala. Eine Wahnsinnslast.

Gewissensfrage. Fast Bringschuld. Ein Glaubensbekenntnis. Ein Überzeugungseifer. Jenseits
unseres Vernunftgebahrens. Ein Schlagabtausch.

Familiengeschichte. Fast Ausstand. Ein Rückzugsgefecht. Ein Sprengsatzdruck. Abseits
unserer Lebensläufe. Ein Wegwerfrausch.

Zeitgeschehen. Fast Heuchelei. Ein Bestechungsskandal. Ein Parteieingriff. Weit über
unsere Holzwegträume. Ein Engpass.

Schleudersitze. Fast Ausstiegsmittel. Ein Fluchtweg. Ein Absperrgürtel. Hinter
unserer Schwarzmalerei. Ein Wahnsinnshass.

51

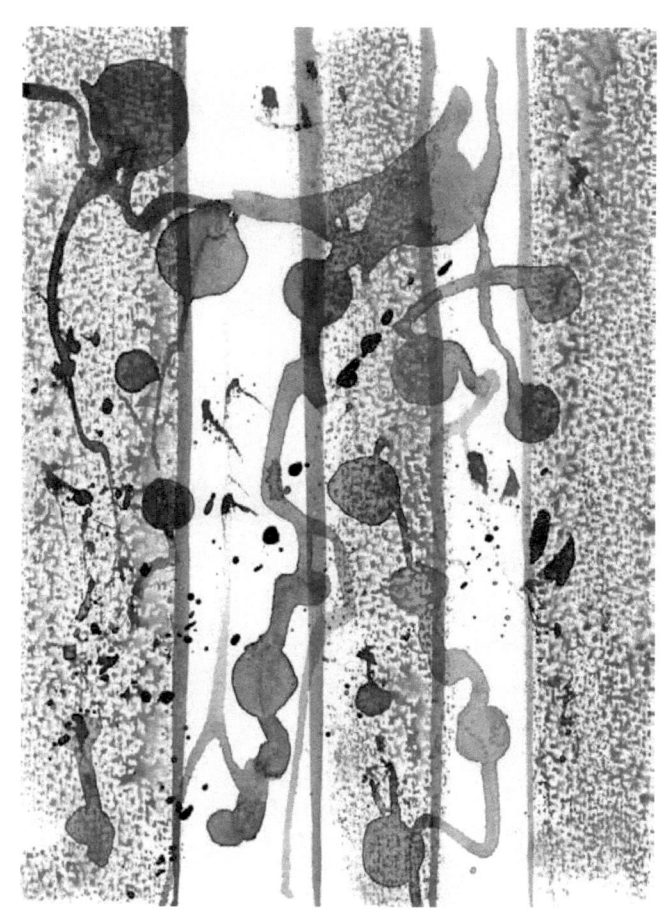

malerei

schichten. gemisch. struktur. die einsicht. mit absicht. ausdruck.
vor dem weiß. ein aufschrei. farbenlawinen. splitter. striche. töne.
durchdringen. abringen. das all. zerlegen. spuren. konturen. kleckse.
absetzen. aufsetzen. zergliedern. weitsichtig. kurzsichtig. komplexe.
komponieren. komprimieren. strangulieren. im konflikt. das schöne. das obszöne.
leichtlebig. leichtsinnig. im farbenrausch. ungebändigt. geheimnisvoll. der spuk.


das seelenkostüm. entblößt. begehrend. ausgelebte gefühle. im zaubertrank.
erfundenes. gefundenes. erlauschtes erlebnis. wach. für grenzen offen.
impulsiv. explosiv. besetzend. besitzend. heikel. verletzbar. heftig.
geschmeidig. geduldig. spöttisch. der auftrag. an farben. deftig.
dabei. darin. geladen. an spannung. an auftrieb. zutiefst betroffen.
beschichtet. beschwingt. gefärbt. verletzt. an sehnsucht krank.


phantastisch. entkommen. dem alltag. die tupfer. eindrücke. einstiche.
die welt. erschaffen. gestalten. eigenbrötlerisch. eigenwillig. eigensinnig.
ausgelassen. gelassen. der stempel. zeit und raum. entspannt. abgespannt.
architekt. komponist. das weiße bändigen. fassen. erfassen. meist verkannt.
entwerfer. gestalter. farbkünstler. raumzerlegung. verständnisinnig.
aus dem vollen. in die vollen. ausrufe. fragezeichen. gedankenstriche.

53

Manchmal zusammen

Manchmal zusammen. Hinter dem Anlass. Hinterfragen.
Zeiten des Spalts. Und du.

Immer ein Mehr. Mit der Raffgier. Kein Mitgefühl.
Fast eine Einzelhaft. Ohne wir.

Vielleicht ein Muss. Auf dem Absprung. Mit viel Aufwand.
Die Nullen rollen. Und du mit.

Alles ist anders. Hinter dem Schein. Scheinheiligkeit.
Die Puppen tanzen. Im Schritt.

Doch da wäre. Mit dem Trittbrett. Ein Mitläufer.
Im Ansatz. Ein hohes Tier.

Manchmal allein. Auf der Tretmühle. Schweigepflicht.
Früchte des Zorns. Es drückt der Schuh.

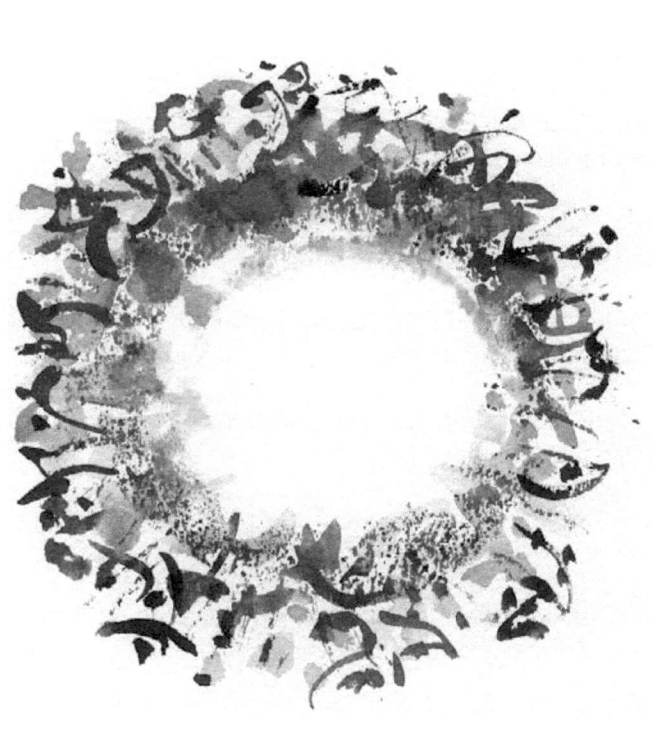

Nichts


Nichts. Irgendwo. Abgeschafft und doch,
tote Seelen abgehängt. Kein Geruch.
Verneinte Dinge. Ohne Raum, aber
niemand außer der homo faber.
Abgewandt. Langweilig. Im Widerspruch
hirnrissig. Abgehoben. Unter dem Joch.


Leere. Verbitterung. Frust und ohne
Halt. Verloren, abgestellt. Am Rand,
kalt, indessen kein Wort.
Andererseits Laute. Dicht. Weit. Fort.
Nichts sagend. Verdorrt. Ohne Bestand
sinnlos. Brocken. Fade. Nicht die Bohne.


Wertlos. Abgenutzt. Folgenlos und irgendwie.
Tote Hosen, abgelegt, abgezogen. Faust-
dick hinter den Ohren. Ein Hauch
Krise, Zweifel, Angst vor Missbrauch.
Der Stellvertreter. Wofür?. Bewältigt. Entlaust.
Im Umbruch. Auf Achse. Mit Synergie.

Raubritter

Habt Ihr Raubritter des Glücks
die Hälse zugedreht denen,
die nur wenig Luft haben,
um kräftig Atem zu holen?

Habt Ihr Halsabschneider des Durchschnitts
das Stimmvieh so bequasselt,
dass Lautfetzen kreisen,
ohne Spuren zu lassen?

Habt Ihr Ganoven der Macht
die Autos mit Verfassung betankt
und eure Cocktailgesichter
mit Fernsehkosmetik befleckt?

Habt Ihr Träumer vom Amt
die Perioden je übersprungen
oder schleimt Ihr in kurzer Sicht
Programme in den Morast?

Die Bonzen verlieren an Gesicht
und verwesen an eitler Macht,
zerschlissen an Dolchstoßlegenden,
verwalten sie Ladenhüter.

## Schieflage


Deine Warteschleife. Ein Geisteszustand. Desinteresse.
Egoismus. In Potenz. Aber Dein Du. In der Erfolgszwangfalle.

Deine Wegschaulust. Kein Kavaliersdelikt. Gewaltpotenziale.
Schlägertrupps. Im Aufwind. Aber Dein Du. Auf dem Egotrip.

Dein Vorbildentwurf. Eine Zwangsvorstellung. Schattenboxen.
Theaterdonner. Am Werk. Aber Dein Du. Im Verhütungsstau.

Deine Sinnfrage. Ein Versteckspiel. Freizeitpark. Ferienkult.
Im Vormarsch. Aber Dein Du. Beim Ideenklau.

Dein Politikverdruss. Eine Einstellungssache. Leerformeln.
Selbstläufer. Im Parkett. Aber Dein Du. Ein Verlegenheitstipp.

Dein Wendehals. Ein Mitläufersyndrom. Konformismus.
Fatalismus. Im Trend. Aber Dein Du. Spuckt Leber und Galle.

## Schlagabtausch

Schlagabtausch. Der Vorstoß. Ohne Kleiderordnung.
Auf den grünen Punkt gebracht. Seinsträchtig.

Schmiergeld. Der Vorwurf. Ohne Wertschöpfung.
Ins Schwarze getroffen. Unverdächtig.

Reformstau. Der Vorlauf. Ohne Hintergedanken.
Vor den Kopf gestoßen. Farbenprächtig.

Streitkultur. Der Vorwand. Ohne Zusatzmittel.
Durch die Mangel genommen. Grobschlächtig.

Parteienstreit. Der Vorschub. Ohne Kungeleien.
Aus der Ruhe gebracht. Eigenmächtig.

Wahlverdruss. Der Vorgang. Ohne Treueverhältnis.
Ans Messer geliefert. Bedächtig.

Kanzlerwort. Der Vortritt. Ohne Rücksichtnahme.
Aus dem Verkehr gezogen. Niederträchtig.

Werbekampagne. Der Vorsatz. Ohne Garantieerklärung.
An der Nase herumgeführt. Olympiaverdächtig.

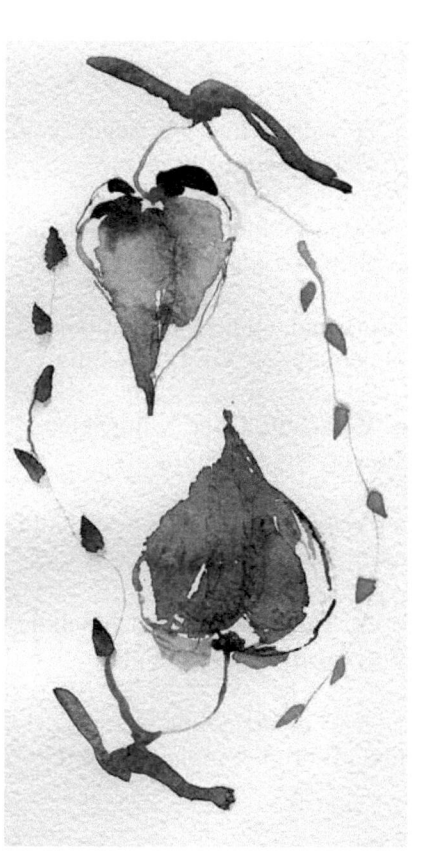

Silberstreifen

Silberstreifen. Kleingedruckt. Die Schimmer. Im Stillstand. Wartehaltung.
Angesagt.

Seifenblasen. Großgedruckt. Die Strohdrescher. In Geberlaune. Leichtigkeit.
Nachgefragt.

Werbetexte. Abgedruckt. Die Honigschlecker. Im Märchenzelt. Verführungskünste.
Unverzagt.

Stimmungsbilder. Vorabgedruckt. Die Salonlöwen. In Lauerstellung. Schauplätze.
Längst vertagt.

Dein Schandmaul. Totgeschwiegen. Die Brüllfrösche. Der Schlechtwetterlage. Im
Vormarsch. Unverschämt.

Dein Schicksalsschlag. Ausgesessen. Die Zeitvorgabe. Der Zeitzeugen. Unverbrämt.

Deine Eigenart. Abgeschminkt. Die Musterknaben. Des Mittelmaßes. Im Laufschritt.
Ungezähmt.

Dein Selbstvertrauen. Angekratzt. Die Schlusslichter. Der Falschmünzer. Im Zeittrend.
Teilgelähmt.

## Unsere Zeit

Vielleicht ist unsere Zeit eine Abschiedszeit,
vielleicht haben wir sie aus den Augen verloren.

Vielleicht ist die Jugend ein Kultmodewort,
vielleicht schlägt man uns es dereinst um die Ohren.

Vielleicht ist das Lesen ein Pflichtübungsdruck,
vielleicht haben wir es ins Abseits verschoben.

Vielleicht ist Kultur nur ein Leerbegriff,
vielleicht wirkt sie nur noch als abgehoben.

Vielleicht ist die Gesellschaft ein Abbauverein,
vielleicht kann sie keine Spuren lesen.

Vielleicht ist Politik ein Krisenschutz,
vielleicht ist sie Nichtsnutz mit altem Besen.

Vielleicht ist Religion ein Haltebecken,
vielleicht lügt sie sich ins eigene Hemd.

Vielleicht ist die Wirtschaft ein Zugpferdverwerter,
vielleicht ist sie global uns fremd.

Die Zeit ist ein Spielball mit Rätseln und Träumen,
der aus- und einbricht auf vielen Feldern.

Sie wirft mit Steinen auf offene Fragen,
die sich verschließen mit fremden Geldern.

verzweiflung

verlernt das lachen nach verliebten stunden
verwischt der klagen flachgewalzter weg
verschmerzt der nachhall tief geschlagner wunden
verlegt des elends einziger beleg


verarmt ein hausen zu gespensterzeiten
verzaubert eine ahnung die sich trägt
verzagt ein greifen nach vertanem gleiten
verspielt ein klopfen das sich schlägt


verwaist ein souvenir verlebter weisen
verlegt ein schatten der sich spannt
verblasst die qual nach schicksalsschneisen
verlegt ein schwung in sich verrannt


verloren stehen alte bauten brach
verlebt verrinnen fragen in den grund
versunken lauern fetzen in der schmach
verletzt lecken sich alte knochen wund


verstand liegt abgezählt auf etiketten
verzweiflung sucht das heil in nackter flucht
verbrüderung liegt angeseilt an ketten
verlust verbietet krankumwobene sucht

## Wasserdicht

Wasserdicht. Textilfrei. Wir werden gehalten.
Ohne Halt. Die Wünsche Schade.

Vorbilder verpönt. Gut ist, was gefällt. Fraglos.
Träume verwaschen. Blöde.

Computerlust. Vordenker. Nachdenker. Eingebracht.
Machbar. Idiotensicher. Egal.

Die Türe dicht. Die Konflikte. Ausgelagert.
Der Ruf ohne Folgen. Minimal.

Die Massen. Verfassen. Gelassen.
Sachen zum Anfassen. Unbedarft. Schnöde.

Austauschbar. Der Kuss. Die Blume. Umsatzfähig.
Der Geldstrom. Verordnet. Fade.

Stubenrein. Nestwärmefrei. Getrennt.
Der Müll. Die Mittäter. Wohl denn.

Das Lesen. Handverlesen. Die Nachrichten.
Ein Menü. Na schön.

Die Kultur. Im Würgegriff. Am Begriff gesägt.
Ungedacht. Volksnah. Auch gut.

Politik. Aus dem Tritt. Scheineliten. Am Ruder.
Schamlos. Eigennutz. Nur Mut.

Federn lassen. Bei leeren Kassen. Gelassen verprassen.
Parteienverdruss. Ganz obszön.

Fadenscheinig. Das Geld. Scheinheilig.
Immer am Ball. Hemdsärmelig. Denn wenn.

Wenn im Betagtsein

Wenn im Betagtsein Jahre nicht mehr zählen,
und losgelassene Kräfte Sprünge machen,
und jeder Blick zurück nach vorne weist.
Wenn das Gedankenmeer um Ausbruch kreist,
und Schwelenbrände sich mit Glut entfachen,
und Worte sich aus Blasen quälen.

Wenn diese Sucht nach Schönem sich ergießt
in Blumenbildern, die sich fragen
und in Kritik an Zeitgeist, der verneint.
Wenn ein Klecks Farbe sich zum Bild vereint,
und Werte Bilderbogen schlagen,
wird Lebensfreude kaum vermiest.

Wenn diese Würfe druckschwarz sich gestalten,
und Altersleiden mit den Worten ringen
und geistig große Linien zeigen.
Wenn zwischen Worten steht das Schweigen,
und Zauberformeln klangvoll klingen,
kann man sein Ich in Einklang halten.